JN440298

낙타가 사막을 건널 때

낙타가 사막을 건널 때

송준용 시집

문학의전당

| 시인의 말 |

아내는 누가 알아주지도 않고 돈도 안 되는 시를 무엇 때문에 쓰느냐고 지청구다. 이 말은 우리 아내의 지청구에 지나지 않은 말이 아니다. 작금의 문단풍토가 그러하다. 문학의 실종시대는 이미 과거완료로 막을 내린 지 오래다. 그럼에도 불구하고 고행을 통하여 깨달음을 얻듯이 그 길을 마다 않고 가는 사람들이 있으니 구제불능의 국외자라고 할 수밖에 없을 것 같다.

거두절미하고 나는 한 권의 시집을 묶기로 결심했다. 만일 그렇게라도 하지 않으면 이 세상에 와서 무임승차로 떠나는 여행객이 될 것 같아서이다. 나의 무능과 태만이 증오스럽지만 타고 난 천분이 그러하니 어찌하랴. 대신 시집을 아무에게나 돌리지 않기로 했다. 그렇지 않아도 가뜩이나 환경공해에 시달리고 있는 차제에 나까지 나서서 한 몫을 거드는 것 같은 느낌을 불식할 수가 없기 때문이다.

그러나 딱 한 가지 바람이 없는 것은 아니다. 만 사람의 독자보다는 단 한 사람의 독자라도 있다면 하는 것이 나의 소박하고 솔직한 바람이다. 시인은 원래 고독을 밥으로 알고 살아가는 사람이기에 더욱 그러하다. 누구일는지는 몰라도 나는 그 한 사람의 독자만으로 만족할 것이다.

2011. 가을
송준용

| 차례 |

1부

2부

3부

4부

1부

낙타가 사막을 건널 때

낙타가 사막을 건널 때
나는 예수나 석가모니가
고행의 길을 가는 것처럼 보였다
낮과 밤이 따로 없어
머리 위에 해가 뜨면 낮이 되고
기우는 달빛에 젖다 보면 밤이 되던 길

서방정토 가는 길은 멀고 멀어라
낙타 등에 몸을 실어보지 않은 사람은
풀 수 없는 그 길의 비밀을 알 수 없으리
진리의 길은 한 곳으로 통하지만
세상의 길은 다른 법
그곳이 어디쯤인지 알 수 없으리

껑충한 네 다리에 작은 머리
등에 돋아난 두 봉우리는
천상 고난의 상징처럼 보이지만
고난도 약이 되는지
슬픔도 삭히다 보면 힘이 되는지
두 눈 껌벅이며 순종의 길을 갈 뿐

눈물 한 번 짓지 않는다

나그네 길을 가다보면
낯선 땅 낯선 인정
쉬어가는 곳도 있으련만
물 한 모금 풀 한 포기 없는 곳에서도
쉬지 않고 걸어가는 짐승을 낙타라 했음은
고난은 사람에게 뿐만이 아님을
말함이로다

세상에는 갈 곳도 많고
가는 길도 많다만
하필이면 열사의 땅 서녘길인가
이정표도 없이 지도도 없이
별빛 따라 가는 길은 고단해라

그러나 낙타여
너는 필시 신의 계시를 받고
지상을 떠나 천상으로 향하는 여정의 꽃이려니
오체투지의 길을 가는 티베트의 성자처럼 걸어가라

세상을 편하게만 살 수 없는 법
네가 있음으로써 비로소 사막이요
사막이 있음으로써 비로소 낙타이리니

고추잠자리

작고 투명한 것이
텅 빈 들녘에 어른거린다

봄날
부지런한 몸놀림으로
꽃대궐을 드나들던 나비와는 달리
너는 비단옷을 멀리하지만
찬물 가 기슭이든 마른 풀잎의 언덕이건
가지 못할 곳이 없었다

이승에 있을 적에
몹시도 고독했던 이의
혼령처럼 나타나
사뿐히 내려앉은 저 가련한 몸매여

두고 온 고향 잊지 못해
몇 생의 인고를 견딜 줄 아는 자만이
가질 수 있는 우화등선의 날개를 얻어
아이들의 웃음소리 흐드러진 동화의 나라에
꿈이 되고 추억이 되는가

네가 유난히도 낮게 떠서 설레던 날이면
서녘 하늘의 노을은 붉었다
한 생애의 종말처럼 서럽게
저무는 날이 많았다

십자가를 보면서

어둠이 장막을 내리면
애처롭게 떠오르는 불빛이 있다
선혈이 낭자한 그 불빛은
하늘의 별빛에 지지 않지만
세상은 고단한 잠에 빠진 듯 기척이 없다
이는 사랑으로
남의 죄를 대속하신 자의 상징이거니
남을 위해 피 흘려보지 않은 자들이
어찌 그 불빛의 참 뜻을 알겠는가
죽어도 살고 살아도 죽을 수밖에 없었던
그 사랑을 어찌 알겠는가

세상에는 귀하신 몸도 있고
그렇지 못한 사람들도 많지만
하늘의 햇빛은 평등하게 내리듯이
사랑의 크기는 다르지 않네
오늘도 세상의 네거리에서
방황하는 자들이여
열십자의 참 뜻을 새기면서
한 번쯤 당신의 위치를 돌아보라

목마른 자에겐 물을 주고
주린 자에겐 생명의 양식을 주나니
그 크신 사랑의 참 뜻을 새겨보라
당신은 지금 어디쯤 가고 있는가

귀지 파는 아내

아내가 귀지를 판다
60년 세월의 동굴을 판다
언제나 열려 있는 귀의 구조 때문에
의지와는 관계없이 들어야 했던
입에서 입으로 전해진 말들의
화석을 캔다

채탄부들이 땅속 깊은 곳의
광맥을 캘 때
탄차를 밀고 수직 갱도로 들어가듯이
아내는 노련한 솜씨로
어둡고 깊은 굴헝에서
세월의 파편들을 캐낸다

아내가 귀지를 판다
아내가 끓여온 세상의 바다는
잔잔해졌지만
억울한 일인들 왜 없었으랴
울적했던 날들의 편린과
가슴앓이했던 소문의 조각까지도

낱낱이 꺼낸다

아내가 귀지를 판다
젊은 날
눈빛으로 들었던 구애의 속삭임과
면사포에 싸여 내딛던 웨딩마치와
첫날 밤 귓불에 닿았던
담금질 된 언어의 불티까지도

아내가 귀지를 판다
어지러운 삶의 기록을 지워버리듯이
소라껍질을 닮은 그 구멍에
귀이개를 넣어
퇴적된 시간의 조각들을
파내고 또 파낸다

승부역에 가면

하늘도 세 평 땅도 세 평
승부역에 가면
잠시 욕심을 내려놓아야 한다
억하심정으로 누굴 미워하는 자가 있다면
그것도 내려놓아야 한다
이따끔 눈꽃열차가 지나가고
생의 무게 덜어내는 화차만 아니라면
누가 이곳을 역이라 하겠는가
산과 물이 합작하여 다시 태어난 땅
승부를 걸만한 그 무엇도 없이
밟아도 밟아도 고개 쳐드는 민들레처럼
다시 일어선다는 승부의 길도 보이지 않지만
나그네는 왜 이곳에 와서
삶의 지표를 돌아보는가
기다림이 없는 대합실에는
조각난 시간의 비듬만 쌓여가고
임종을 앞 둔 환자의 숨결처럼
고르지 못한 화차 한 대 지나간 뒤 기척이 없다
작년 겨울 눈꽃철에 왔던 사람들은
어디로 갔을까

승부가 끝인가요?
더 갈 수가 없는가요?
묻지 않아도 될 말 자꾸 물으며
비로봉 노을처럼 저물다 간
그 사내는 어디로 갔을까
아무도 이곳을 지원하는 이가 없어
혼자 스무 해를 지키다 보니
살아도 산 것 같지 않다는 늙은 역장은
푸른 신호등 흔들며
석포행 열차를 기다리고 있다

* 승부역 : 경북 봉화군 석포면에 위치한 영동선의 역으로서 '땅도 세 평, 하늘도 세 평, 꽃밭도 세 평' 이라는 시가 적혀 있을 만큼 오지로 알려진 역이다

시인의 전설

어느 해던가
기억에도 없는 아득한 옛날
문학에 골병이 든 반거충이 한 사람이
시를 쓰겠다고
선암사 무우전으로 숨어들었다

그때
나는 그를 그림자처럼 따랐는데
책을 구해 달라 원고지를 사다 달라
요구사항이 많았지만
여자만 구해주지 않고
나머지는 전부 응했던 것으로 기억된다

그해 가을
혹독한 여름을 견디고 난 뒤 끝에
하늘은 뚝뚝 물방울이 듣는 듯 영롱했고
주인없는 골짜기의 감들은 무르익어
조계산 자락에
떼까치들의 울음이 자지러졌다

어느 날
나는 그를 찾아 무우전의 문을 두드렸는데
그는 보이지 않았다
궁금하고 답답한 마음에
법당이며 요사채, 해우소까지 뒤져보았으나
헛수고였던 그를
우연히 사찰 어귀 죽암식당에서 만났는데
놀랍게도 그는
늙은 중과 작당하여 닭고기를 씹고 있었다

콧등이 연시처럼 붉었다
눈알이 먹포도처럼 깊었다
한 눈에 상대방을 제압하는 듯한 눈빛
아아 이제는 생불이 되었구나 싶었는데
그것도 잠시였다

그 후
그는 늙은 중과의 수작을 그만두고
황음의 밤과 무우전의 적요와도 이별하고
서울로 날라버렸다

몇 호인지 호수는 알 수 없으나
화성여관 그 후미진 골방에서
담배에 불을 댕기고
다시 방바닥에 배를 깔았다
그 담배연기 속에는
공초가 이미 태워버린 허무의 찌꺼기도 있었지만
젯날, 산문에 기대어 등
몇 편의 쓸만한 작품도 들어 있었다

김삿갓

하늘이 싫어 세상이 싫어
스스로 죽장에 삿갓을 쓰니
보이는 곳 한 치 앞길뿐이로다

이름 석 자 지워버리고
삿갓으로 다시 태어난 사람
구름처럼 떠돌면서
칼 대신 혀끝으로
세상을 비웃고 질타하니
무식한 자에겐 욕이 되고
유식한 자에겐 시가 되었어라

선친이 묻힌 영월 땅
떠나온 지 언제던가
시간과 공간을 초월해 버리니
세월 가는 줄도 몰라
깊은 잠 꿈속에서 들었던
가랑잎 뒹구는 소리에
한 해가 깊었음을 알았어라

익균아
그 사이 십 년 세월이 훌쩍 흘렀구나
이 애빌랑 아예 찾지도 마라
가문을 욕되게 한 죄
천추에 불효를 남겼느니라
고향의 아들에게
한 자 소식이라도 전하고 싶지만 마음뿐
소맷귀 적시는 날도 많았어라

스스로 걸머진 걸객의 신세를 어찌할까
산을 옮기는 일만큼이나
바꿔놓기 어려운 이 운명
비 오면 남의 집 처마에 들면 되고
때 알아 찾아오는 시장기쯤이야
한 줄 시로 바꾸면 되련만
뼈를 사루어도 바꿀 수 없는
이 가혹한 운명을 어찌할까

일찍이 집나와 떠돈 몸
회갑을 바라보니 과객질도 힘 들어라

잦은 기침 오한에 시달릴 때에도
찬물 한 그릇 건네는 사람 없었어라

생애의 마지막 기착지로 알려진
전라남도 화순 동복 땅
삿갓이 무거운 짐 부리고 숨을 거두니
소쩍새 깊은 산 속에서 밤 내 울었어라

그날이 계해년 사 월 초하루
잃었던 이름 석 자 김병연
주검 되어 비로소 다시 찾았어라

세한도

제주 바다 그림 속
날씨가 매우 차겁습니다
유채꽃도 지고 산수유도 지고
돌담밑 유도화도 져버린 대정읍 안성리
삐뚜름하게 몸을 기댄 두 그루 소나무가
매웁습니다

어둠이 걷히고 여명이 오는지
어슬어슬 땅거미 지는지
알 수 없는 날에 내린 눈으로
천지가 아득합니다

눈물겹습니다
일찍이 이 땅에 큰 선비 있어
마른 종이 위에 몇 번의 붓질로
그 마음 전하니
행간마다 지조요 여백마다 청빈의
기운이 가득합니다

청학은 소나무가 아니면 앉지 않고

선비는 적소에 난 푸성귀를 뜯지 않는다 했는데
그 숱한 날의 동재며 적막이며
두고 온 땅 망향의 한을
어떻게 달래셨습니까

허리 굽혀 걷는 두 늙은이 보이지 않아도
바람에 내치는 도포자락 보이지 않아도
알겠습니다
당신들이 가신 길을

대정읍 안성리에 들러
먹물 속에 가라앉은
초간모옥에 앉아
냉수 한 사발 비워봅니다

웃는 기와

먼 옛날 신라 사람들은
웃으면서 살았던가 보더라
오릉이나 첨성대 안압지에서 놀던
아이들도 웃고
단오 날 계림에서 그네 뛰던 처녀들도
웃으면서 놀았던가 보더라

화랑을 길러 세속오계로 국방을 다지고
용포에 익선관을 쓴 여왕이 다스려도
태평성대를 이루던 나라
봄날 서라벌에 꽃잔치가 벌어지면
포석정에 술잔을 띄우고
연등날 걸린 지등으로
불야성을 이루던 나라

오호라
그 여유 그 정신
호리병 기왓장에도 새겨
후세에 남기고자 했던가 보더라

아사달과 아사녀의
애달픈 사랑을 담은 무영탑을 세우고
만 근 구리로 주조한 종소리로
세상을 밝히고자 했던 정신이여
그 나라 망한 뒤
황룡사 빈터에 잡초만 무성하다

먼 옛날 신라 사람들은
웃음 띈 얼굴의 기와로 집을 짓고
참숯불로 지은 햅쌀밥을 먹으며
동해 바다 펄펄 끓는 햇님처럼
반월성에 지그시 몸 사린 달님처럼
웃으면서 살았던가 보더라

* 국립 경주박물관에서 신라시대 사람들이 집을 지을 때 네 모서리에 썼다는 와편을 보고 쓴 시임

목격자를 찾습니다

목격자를 찾습니다
어느 때 어느 거리에서나
흔하게 볼 수 있는 이 말 한 마디
그 밑에는 사고 날짜, 사고 차량 번호 등이
자세하게 적혀 있다
거리엔 구석진 어둠 밝히는 가로등이 있고
길의 방향을 제시하는 표지가 있지만
빛 속에 그늘이 있듯이
순간의 사고를 증언할 사람이 필요해
목격자를 찾은 것이리라
교통사고 잦은 곳, 농무지역, 어린이 보호구역 등
주의를 알리는 경고문들이 즐비한데도
왜 사람들은 주의를 소홀히 하다가
목격자를 찾느라 애를 먹는 것일까

나의 첫 입맞춤도
취한 채 전봇대에 기대어 방뇨를 한 것도
누군가 지켜보았을 것이다
남의 밭에 들어가 잠시 사방을 두리번거리다가
호흡을 고르며

토마토 하나, 오이 하나를 슬쩍한 것도
누군가 지켜보았을 것이다
하지만 나는 전혀 문제가 되지 않은 사람으로
살아가고 있다
엊그제 슈퍼마켓에 갔을 때
생수 한 병 우유 한 병 사들고 나오면서
지나가버린 외상값을 망각의 더미에 처박아 버린 채
계산하지 않으려 했던 새까만 양심도
별로 문제될 게 없었다

세상을 살면서
조심을 해야 한다는 것을 알고 있지만
사고는 예기치 않은 곳에서 발생하는 법
만일 주행거리 이십만이 넘어버린
내 승용차가 고장으로 사고가 났을 때도
누군가 나타나서 증언해 줄 수 있을까
원인 제공자는 상대방 차량이라고
나는 그러한 증언을 들을 수 있을까
목격자를 찾습니다
이 말 한 마디 은근히 나를 주눅 들게 한다

박수근의 빨래터

박수근 화백의 빨래터에서는
오십여 년 전의 방망이 소리가 들려오고 있다
마음속에 각인되어 지워지지 않았던
전쟁과 이산과 가난과 망가진 화가의 자존심까지도
슬픔의 방망이 소리로 들려오고 있다

흐르는 물은 지우지 못할 것이 없었다
찌든 삶의 흔적과 마을의 험담과 근거 없는 소문들도
지울 수 있었기에 빨래터에서는
아낙네 몇 사람의 정담이 섞인
방망이 소리가 들려오고 있다
그 소리는 이끼 낀 돌무늬 속의 질감
투박한 선과 선의 대비로 살아나고
주눅 들어 살아왔던 아버지들의 시름으로 이어졌다

하늘 아래서나 땅 위에서나
세상의 얼룩과는 거리가 먼 사람이었기에
방망이질로 빨아야 할 것이 어디 한둘이었으랴
가정의 대사를 앞두고 고부간에
바깥양반의 입성을 마전하듯이

하늘 한 자락 개켜 접고 나면
또다시 산그늘처럼 드리워지던 어스름
그 어스름을 헤치고 나면
움츠렸던 가슴 펼 수 있지 않았을까
지난한 운명 바꾸어 놓을 수 있지 않았을까

세상의 그 많은 길을 버리고
캔버스와 붓과 팔레트만으로 버티었던 사람
그 나목의 길은 스산했다
광주리 머리에 인 촌부가 걸어가고 있었을 뿐
아직 추운 겨울이었다

불우했던 한 시절의 사내는 가고
마을 어귀 빨래터도 사라져버렸지만
앞선 시대의 전설은 벽화로 남듯이
눈이라도 올 듯이 낮게 흐린 날에는
정담 섞인 매운바람 속에서
일제히 일어서는 방망이 소리를 들을 수 있다

넥타이를 매면서

장롱을 열어보니
열 개도 넘는 넥타이가 걸려 있다
구색 갖춰 매기 위해 준비해 둔 넥타이들
출근을 할 때마다
아내는 나에게 웃음 띤 얼굴로
그것을 단정하게 매 주었다
그렇게 단단히 조여 맨 날들이었지만
허술하고 헐렁한 데가 있었던가
내 삶은 항시 불안하고 위태로웠다
물건의 품질을 보증할 때 상표를 부치듯이
사람이나 물건이나 부치고 매는 것을
통과의례처럼 여기며 살아온 세월
그 질긴 끄나풀로
얼마나 많은 나를 묶고 구속해 왔던가
산다는 것은
보이지 않은 끄나풀에 얽매이는 일
굴레 쓴 망아지처럼 뚜벅뚜벅
앞만 보고 걸어왔을 뿐
그 길을 벗어날 수는 없었다
이제는 넥타이를 매는 날도 드물지만

외출을 하기 위해 장롱 앞에 설 때면
마치 형틀처럼 걸려 있는 넥타이가
나의 세월을 묶고 놓아주지 않는다

정가네 집

매일 만나는 이웃들의 얼굴처럼
친근하게 다가오는 정가네 집
인정 많은 아저씨와 아주머니가 있어
고향집에 온 듯한 느낌

독한 양주나 배갈보다는
막걸리나 국밥 한 그릇이 그리워서
찾아오는 이가 있다면
그는 진짜 멋쟁이이다

무더운 여름날엔
한 컵의 냉수가 약이 되듯이
작은 것도 크게 받아들이면
행복이 된다는 것을 알고 있기 때문이다

잠시 쉬었다 가는 인생길
무엇을 더 바라겠는가
주린 배 채우면 되고
한 잔 술로 도도해지면 그만인 것을

문을 열고 들어서면
질그릇 같은 따스한 인정이 있어
들러보고 싶은 정가네 집
그 집 앞을 지키고 있는 만순이의 재롱은
볼수록 사랑스럽다

안산시에 뜨는 안개

이른 아침
안산시는 안개의 도시가 된다
시민은 없고
안개가 시민이 되어
장악하는 도시

노숙자, 탈북자, 밀입국자
불법체류자들의 한숨이
차가운 유리창에 성에꽃처럼 피었다

발을 저는 네팔 노동자
애꾸눈 방글라데시 인
오른손 잘린 파키스탄 인
국경이 없는 노동자들의 부대낀 삶이 모여
아침을 이루었다

아직 잠에서 덜 깬 노숙자가
무가지를 뒤지는 동안
그 곁에 앉은 더벅머리가 담배연기 토해내며
볼 것 없이 끝나버린 세상 뭘 뒤지냐며

동료를 꾸짖는다

불확실한 미래처럼
좀처럼 아침이 오지 않을 것 같은
시간이 지나고 나면
소주병, 맥주병, 담배꽁초, 과자부스러기
허섭 쓰레기들까지
땅에 떨어진 인권처럼 나뒹군다

어디로 갈까
막막하기만 한 세상
그래도 안개가 걷히고 나면
혼미한 정신에서 깨어날 수 있듯이
인생을 소주잔에 담아 마셔버릴 수는 없는 일

곤한 잠 털고 나선 청소원들은
어지러운 밤의 흔적들을 지워보겠다는 듯이
싸악싸악 소리나게 길바닥을 쓸어보지만
아침에 뜨는 안산시의 안개는
삶을 더욱 더 혼미하게만 할 뿐
물러설 줄을 모른다

장안리 사람들

1

장안리 사람들은 이른 아침 잠에서 깨어난다
사는 일이 매 일반이어서 바쁠 것도 없지만
오늘 하루가 주어졌다는 사실이 고마워서
임종을 앞 둔 사람들처럼 살아가고 있다

언제였을까
잘려나간 손가락 발가락처럼 단절된 세월
그 이랑 너머에는 사랑도 있고
젊은 날의 객기도 있었다만
이별하고 숨어 든 적소의 땅

날개 달린 천사가 창을 들고 서 있는
구라탑을 보며
구원과 회생의 의지를 담아
나도 투사처럼 창을 던져 보았다만
무장무장 깊어지는 육신의 병은
불구덩이 속의 아귀로 만들어 놓았다

2

애초에 사람이기나 했을까
살아 있는 마귀였을까
피고름 삼천 사발
저주받은 목숨이 싫어
'보리밭에 달 뜨면 애기 하나 먹고
꽃처럼 붉은 울음을 울었다*' 던 할아버지 할머니

하늘이 무서워서
세상이 무서워서
이름 석 자 지워버린 후
행복통장 만들어
천국행 티켓을 사기 위해
잘려나간 손가락 대신 몽당손으로 땅을 판다
가슴을 후빈다

눈물이야 마른 지 오래지만
그래도 슬픈 것은
냉대와 질시 속에 살아온 일생이다
죽어서도 이 형벌 벗지 못하는
저주받은 목숨이다

3

저기 봉두난발의 예수님이 걸어가고 있네
불편한 다리 찌그럭거리며
마음 잘 닦은 신의 아들이 걸어가고 있네

* 서정주의 시 「문둥이」에서 인용함

2부

북향하는 기러기 떼

어느 여인의 애끓는 사연인가
기러기들이 날아가네
어느 선비의 뜨거운 충정인가
기러기들이 날아가네

북쪽은 슬픈 땅
말발굽소리 높던 곳
백두가 설원에 잠기고
압록강 두만강이 얼어붙어
칠흑 같은 밤인데
끼륵끼륵 기러기 떼
산을 넘고 구름을 넘어 가네

가는 곳 어디인가
매서운 칼바람 몰아치는
시베리아 동북부 그 어디쯤
그 옛날 그곳으로 끌려간
우리 누이들은 울었다네
첫날밤도 치르지 못한
애숭이 누이들은 울었다네

그 슬픔 그 사연이
노래가 되고 곡조가 되었는가
한 무리 기러기 떼 행렬 속에는
눈물 뿌리던 서러운 가락이 숨어 있다네
줄을 고를 때마다 자지러지던 진양조 가락
이제 막 솟은 달은
먹구름 속에 숨어버렸는데
조용하던 마을에
웬 일로 순사들이 왔다갔다
개 짖는 소리 허공을 찌르던
슬픈 밤의 역사가 들어 있다네

어디로 가서 살든지
세상살이 그게 그거지만
정들었던 남녘땅 갈대밭 살림을 정리하고
허공 한 자락 쉴 곳도 없이
괴나리봇짐 등에 지고 떠나는 비행은
참으로 고단할 것이네

지구촌을 돌며
쉴 만한 물가가 있으면
찾아가는 저 겨울의 진객들을 보게나
흑기러기, 쇠기러기, 흰기러기, 회색기러기
휘적휘적 한 고비를 넘을 때마다
진양조로 흐르는 진객들을

나도
기러기 편에 한 소식 전하려네
구천에 계신 우리 아버지 어머니께
우표 없는 편지 한 장 적어
한 소식 전하려네

대대포구 연가

누군가 그리운 날엔
대대포구 바다를 보러 오시라
그대 노래 부르지 않아도
키를 넘게 자란 갈대 쓰러져 울고
자잘한 물결 밀려와 시를 읊나니
잠시만 걸어도 위안이 되는
이 작은 포구를 보러 오시라

숭숭 구멍 뚫린 개펄은
망둥이, 갯지렁이, 방게들이 뛰어놀고
잔설에 얼굴 내민 보리밭은
청둥오리, 흑두루미 떼들의 비상
부지런한 움직임과 난만한 새들의 노래로
드디어 대대포구가 되었다

늙은 어머니처럼 가슴 풀어헤쳐
할퀴고 찍히면서도
살아 있는 것들을 먹이고 키우나니
철새들도 무심하지 않구나
반도의 땅 순천만을 기억하고 있다가

줄줄이 느낌표처럼 내려와 앉는구나

외롭기는 너도 나도 마찬가지
세상 일 모두 지우고
이곳에 오면
바람소리 먼저 달려와 가슴에 안기고
선창가 뗏목들도 입을 열어
인생은 원래 외롭고 쓸쓸한 것이라고
말해 주리라

강과 바다가 만나 하나가 되고
함께 사는 지혜로 개펄을 이루었으니
이에 비길 만한 곳이 또 어디 있으랴
생명의 땅 대대포구여
다시없는 새들의 낙원이여
이 세상 쉬어가는 안식이 그리워
나도 이곳을 찾는다

* 대대포구 : 전라남도 순천시 대대동에 있는 포구로서 갈대와 철새도래지로 유명함, 생태공원이 꾸며져 있음

고엽제

그 누구도
고엽제라는 말을 아는 이가 없었다
그러나 내 몸속에 뿌리내린 병명은
미국산 고엽제이다

아득한 기억 속의 낯선 땅에서
정글을 누빌 때
살충제 제초제로 알아
가슴에 뿌려졌던 죽음의 그림자
그 가공할 독성이 뼛속 깊이 스며들어
청춘의 푸른숲 고목처럼 쓰러졌다

가진 것이라곤
몸뚱이밖에 없었던 어둠의 자식들
이 땅에 태어난 것이 원망스럽기도 했지만
그래도 나라를 살리겠다는 신념 하나로
평화의 사도가 되어 장도에 올랐다

이십 대 팔팔하던 청춘은 어디 가고
허리 구부정한 늙은이

생사를 같이 했던 전우들은
그날의 포성을 귓바퀴에 들으며
남은 생 쓸쓸히 술잔에 담아 비우고 있다

그러나 전우들이여
조국을 위해 싸웠다는 자긍심
버리지 말고 살아가자
우리 마지막 옷 갈아입고
이 세상 하직할 때
태극기도 무심하지 않으리
그대 위해 애도하며 펄럭이리라

정선 오일장

정선 오일장에 가면
혼자 가는 것이 아닙니다
항시 앞장 서는 앞산과
뒤를 따라오는 뒷산과 동행이지요

그뿐이 아닙니다
세상살이 험하다 보니
정선 아라리로도 풀지 못한
사연과도 동행이지요

검은 돈의 풍요는 자취도 없고
억센 팔뚝 드센 사나이들의 세월이
문을 닫고 보니
남는 건 전설 같은 이야기뿐이지요

그래서 정선 사람들은
올갱이죽을 쑤고 전을 부쳐
식은 마음 더운 인정으로 덥히는 것일까요
아우라지 뗏목의 노래로나 전하는 것일까요
메밀묵 같은 사람들이 모여

메밀묵 같은 인정을 나눕니다

오나가나
천상 운명이라는 말밖엔
다른 표현이 없어 요령부득인
신토불이 아주머니는
파장 무렵이면
물건만이 아니라
세월도 인정도 떨이해 버립니다
나도 그분께서
곰취 한 줌 사랑 한 줌
떨이로 살 수 있었지요

구절리 철길처럼
화양동굴 탄광처럼
흐르고 흘러서 더 갈 곳이 없는
정선 오일장

호스피스 김영미 씨

삶의 벼랑 끝에 내몰린 사람들
말기암 환자도 백혈병 환자도
김영미 씨의 손을 거치면 무사하지만
이승에 무슨 여한이 있다고
그악스럽게 버티는 망자들도 있다는데
그래도 살살 구슬려
한 생을 인수인계하고 나면
세상살이 부질없어 서글퍼진다고 했다
쇠똥밭에 굴러도 이승이 낫다는데
아무리 공들인 길이라지만
이승만 할까
하루 걸려 이틀 걸려
때로는 하루에도 한두 번씩 다녀오는 길
끝까지 망자와 동행할 수가 없어
마치 손님을 배웅하듯이 잘 가시라고
손 흔들며 돌아서던 길
엊그제 팔십을 넘긴 한 할머니가
된 숨 몰아쉬며
그늘진 곳에 보태 쓰라며
꼬깃꼬깃한 돈 십만 원을 내놓았을 때

눈물로 그 돈을 받았다는 김영미 씨는
두 눈을 곱게 감겨드리면서
내생에 다시 만나자고 약속은 했지만
살아도 산 것 같지 않아
자꾸만 세상이 헛짚어진다고 했다

일산 가는 길

사업운 물어보기 위해
일산 할매집 찾아가는 길이다
인터넷에서 위치 약도까지
자세하게 알아 봤지만
길눈이 어두운 나는
낮이건 밤이건 헤매기 일쑤다
잠시 후 우회전입니다
주의운전 구간입니다
만일 네비게이션의 안내를 받지 않았다면
나는 차 안에서 할매를 만나고
되집어 올 뻔했다

할매 만나니
무엇이 궁금해서 왔느냐고 묻고 나서
인생 대백과사전을 펼친다
책갈피마다
숨가쁘게 살아온 곡절들이 닳고 닳아서
손때 묻어 새까맣고
어떤 것은 아예 책장이 해어지기도 했다
그 책갈피 한쪽에서

잠시 눈빛 형형해지더니
끌 끌 끌 혀부터 차기 시작했다
너무 배포가 큰 게 병이야
뭘루다 뒷감당을 하려구
자신을 알아야지
나는 마치 학창시절 담임선생님한테서
꾸지람을 듣고 난 다음처럼 멍멍했다

찾아오시는 길
위치 약도까지
거기다가 친절한 음성의 가이드까지 받고도
나는 왜 자꾸 허당만 짚고 다니는가
인생은 그처럼 허당 짚는 것이 아닐 텐데도
또 다시 꾸지람 같은 안내를 받으면서
돌아오는 길은
궤도를 이탈한 인공위성처럼 어지러웠다

수의

가는 곳 멀다는 데
나들이옷처럼 홀가분하다
공들인 바느질로도 감출 수 없는
시름 섞인 한숨도 떠오른다

엇갈린 씨줄과 날줄 사이를
드나들던 북통의 길을 따라
한 올 한 올 일생으로 짜이고
최활을 옮길 때마다
북향하는 기러기 떼 만 리를 날았다

오동나무 상자 속에 간직했던
그 마음을 아는지
때 알아 찾아온 주인에게
봉황이 날아와 날개를 달아주고
구름 계단 가볍게 밟으라고
명주로 지은 버선이 애처롭다

세상 일 모두 버리고
구천으로 가시는 이여

서늘한 바람 도는
삼베옷에 행전까지 차고 보니
저승길이 나그네 길만 같아라

내생의 삶이야
전생에 지은 복대로 살면 되는 것
비단 공단에 식은 몸 감으면 무엇하리
노잣돈 감출 주머니 하나 없지만
치수 넉넉한 옷 한 벌 지어 입으니
부러울 것 하나 없네

낙안성 물레방아

지금도 쉬지 않고
철거덩 철거덩 세월을 감고 도는
물레방아를 본 적이 있는가
실타래처럼 감기던 물줄기가
한 바퀴 두 바퀴 돌고 나서는
구슬처럼 부서지던 것을 본 적이 있는가
떡을 치는지 가루를 빻는지
서너 명의 아낙이 분주한 가운데
키득키득 웃음소리 난만하건만
그 소리조차 부서지고 마는
무쇠 같은 바퀴의 힘을 본 적이 있는가
한낮을 지키던 연꽃
달뜨자 입을 오므려 버렸는데
가랑비 내리는 수면 위로
살찐 두꺼비 나타나 두 눈만 디룩디룩
그 고요하고 평화로운 광경을 본 적이 있는가
마을은 야삼경에 들었는데
아까부터 웬 그림자가 왔다갔다
종가 집 과부와 그 집 종놈의 행동이 수상해도
모르는 척 눈감고 마는

커다란 해와 달의 바퀴를 본 적이 있는가

나는 보았다
낙안성에 가서 보았다

낡은 신발을 버리면서

낡은 신발을 버리면서
몇 켤레의 신발을 더 신을 수 있을까를
생각해 보았다
때로는 흙탕길을
때로는 자갈길을 걸어왔지만
그 누구도 간 적이 없는
나만의 길이었으니
삶은 이렇게도 위대하다
한 시간이 하루가 되고
하루가 일 년이 된다
지도도 이정표도 없이 혼자 가는 길
막막한 기로에 설 때면
살얼음을 밟듯이 조심조심 걸었다
세상은 많이 변했어도
신발의 크기는 변함 없이 265mm
잘 닦인 길보다 자갈길이 소중하고
질 좋은 구두보다 깁고 기운 신발이 더 소중하다
쫓겨온 길은 아니지만
쫓기듯이 살아온 세월도 약이 되었다
낡은 신발을 버리면서

거기 담긴 체온과 체중의 시간을 버리면서
내 생애 몇 켤레나 더 신을 수 있을까를
생각해 보았다

관음송

선비의 일생도 힘들지만
의송의 일생도 힘들어라
나무는 주어진 자리에서도
큰 나무가 되는데
사람은 주어진 자리에서
큰 사람이 되지 못하는
이치도 알 수 없어라

두견이 자지러져 삼경을 넘던 날
어린 임금 청개나루 건너온 후
품에 안고 무릎에 뉘이니
그 사랑 어떠했으리
어린 임금 독배를 받고 피를 쏟다 죽으니
그 슬픔 어떠했으리

선비는 왕도와는 멀리 있는 법
북향하여 임금님께 문안이나 드리는 법
세상이 시끄러워
시류와는 결별한 지 오래지만
바람결에 듣던 왕조의 사직이 어지럽더니

천륜을 버린 법도가
세한의 아픔보다 깊을 줄이야

충신은 죽고
모리배 간신들만 판을 치는 세상
얼룩진 핏자국으로 종묘사직을 그르쳤으니
훗날 이 오욕의 역사를
누가 있어 증거할까
청령포 흐르는 물 남한강으로 이었으나
여기와 끊긴 법도를 어찌할까
어린 임금 조석으로 북향하여
눈물 한 덩어리 시름 한 덩어리
쌓고 쌓아 망향대라

일찍이
이곳에 선비 같은 소나무 있어
그날의 슬픔을 지켜보았으니
청령포 물이 말라 바닥이 되는 날
입을 열어 증거하리라
힘은 힘 있는 자의 칼날일 뿐이라고

환승역에서

전동차가 도착할 때마다
소나기처럼 달려가는 발자국 소리에 놀라
정신을 차려보면 어느새 환승역이다

이제는 목적지 쪽으로 갈아타야 할 때
매일 아침 보게 되는 낯익은 얼굴들
동서남북으로 엇갈린 길이지만
그래도 갈 곳이 있다는 것은
얼마나 행복한 일인가

환승역에 이르면
나는 잠시 머뭇거리는 습관이 있다
분명히 내 손에는
한 장의 티켓이 쥐어져 있는데도
마치 갈 곳을 몰라 방황하는 사람처럼
헤매일 때가 있다

그렇다
인생은 누구나 외로운 방랑자
그가 가는 곳이 어디건 그 길은 이미 주어진 길

한 번 방향을 잡았다 하면
돌이킬 수 없는 운명의 길이 되고 만다

당신은 지금 어디로 가고 있는가
질긴 삶의 끄나풀 단단히 붙잡은 채
어디로 가느라 줄달음질을 하고 있는가
환승역에서 전동차를 타고 내릴 때면
한 세월을 보내고
또 한 세월을 기다리고 있는 듯한
허전함에 젖는다

진도 북춤

병천이!
하늘도 알고 땅도 아는
자네 신명 누가 모르겠는가
진도 북춤 휘몰이로 놀아갈 때
저것이 사람이여 사람의 형용이여
나는 몹시도 헷갈렸는데
자네는 잠든 산을 깨우고
침묵하는 물을 깨워
죽은 자들에게 한 소식 전하는 것이었네

불에 타 죽은 귀신
물에 빠져 죽은 귀신
목매달아 죽은 귀신
한 많은 이 세상 사무친 데가 많아
눈 못 감고 죽은 귀신
귀신이란 귀신은 다 불러놓고
먹일 놈은 먹이고
달랠 놈은 달래고
쓰러줄 놈은 쓰러주고
귀신잔치 벌이더니

마른하늘에 소나기 퍼붓고
먹장구름 속에서 달덩이 떠올리던
그 신명 어디 다 두고 갔는가
징, 꽹과리, 장고, 북장단 어우러진 가락과
갓 쓴 김선출 옹의 쇄납소리 데불고
어디로 갔는가

병천이!
자네 없는 이 세상
맺히고 또 맺힌 사람들의 가슴을
누가 있어 풀어줄까
구음시나위 끊이지 않은 대바람 속에서도
자네 소리 들을 수 없으니
뜻 있는 나그네의 마음이
구천을 떠도는 영혼처럼 적막하네

* 박병천 : 한국을 대표하는 진도 북춤의 명인. 특히 씻김굿의 대가로서 무형문화재 제72호의 예능보유자였음

진달래

겨울이 얼마나 깊었기에
기다림에 지친 얼굴을 하고
언 가슴 살며시 문을 열어
그처럼 선연한 슬픔으로 피어났느냐

너를 보면
모질던 가난이 생각나고
사변 때 총 맞아 죽은 사람들이 생각나고
생솔가지 타오르던 구수한 마을의
연기가 떠오른다

아무도 너를 여왕이라 부르지 않건만
때가 되면 어김없이 피어나던 꽃
언제나 역사는 너처럼 터지는 봇물이었다
더 이상 견딜 수 없어
가슴 풀어헤치던 아우성이었다

갑오년에 황토현을 넘던
백의의 민초들도 가고
아우내장터의 치마폭도 사라졌지만

봄이 오면
피로 얼룩진 산하의 구릉마다
홍조 띤 얼굴의 수채화를 지울 수가 없구나

뻐꾸기 울음 울어
산 노을 붉어질 때면
가난한 자들의 무덤가에도
양지쪽 노루, 고라니, 토끼들의 우물터에도
꽃대궐을 이루던 꽃

사랑에 병들고 탄압에 기죽어 살아왔다만
행여 주눅 들지 마라
꽃은 모진 세월 견디면서 아름다워지는 것
아직 바람 끝 가슴에 시리다만
봄날은 너로 하여 눈부시구나

588에 내리는 눈

청량리 588에 눈이 내리면
그 지도 위 사람들은
천사가 된다

부끄러울 것도 수치스러울 것도 없는
적색지대
그래도 때가 되면
비가 오고 눈이 온다는 것은
하나님이 그들을 버리지 않았다는 증거이다

경춘선이나 영동선 막차가 떠나고 나면
기죽어 숨어들던 사내들
식은 사랑이지만
먹다 남은 밥처럼 퍼주고 나면
그것도 위로가 되었다

언니 나 결혼했어
언니도 좋은 사람 만나 결혼해
시설에 있던 동료나 후배들에게서
이런 전화가 왔을 때

눈물이 나는 것은 당연했다

망가져 보지 않고
어떻게 인생을 알겠는가
애궂은 담배연기에
꿈의 조각을 뿌리면서도
벽에 걸린 달력 속 그 늙은 어머니
테레사 수녀를 잊지 않았다

얼음 속에서 새순이 돋아나고
언 땅에서 봄의 기운이 살아나듯이
굳세게 살아보자고
마음 독하게 먹고 나면
낯선 손님도 살붙이처럼 느껴져
한 이불 속에서 울 때도 있었다

부끄러운 것은
몸을 파는 것이 아니라
양심을 파는 것이다
푸주간의 정육처럼 누워

살찐 사타구니를 대접하는 일이다

청량리 588에 눈이 내리면
그 지도 위 사람들은
천사가 된다

수인선

그 길이 열리면서
낭만은 시작되고
그 길이 끊기면서
낭만은 끝났다더라

수인선 가는 길은
연인과 함께 가는 길
하늘 길을 가듯이
좁은 궤간의 길을 가다보면
허공에 뜬 정거장이
쉼표처럼 나타났다

비가 오는 날엔
흐린 창에
수채화를 그려주고
눈이 오는 날엔
차창에 글씨만 써도
시가 되던 길

등하교 길

꿈을 간직한 채
벅찬 가슴의 길을 가다보니
어느새
스무살 정거장에 닿던 길

서해 바다
진흙 밭에 내려
억새꽃을 꺾다보면
늙은 역장은
삶의 좌표를 제시해 주듯이
해풍이 불어오는 쪽으로
푸른 깃발을 흔들었다

세상은 길과 길로 이어지고
삶 또한 물처럼 흐르는데
가고 없는 사람들은
지금 어느 인생의 유역을
흘러가고 있을까

수인선

그 길이 열리면서
낭만은 시작되고
그 길이 끊기면서
낭만은 끝났다라

* 수인선 : 인천 송도역에서 수원 사이를 잇는 총연장 53km의 협궤철도. 일제가 소래, 남동, 군자, 등의 염전에서 생산되는 소금을 수송하기 위하여 1937년 개통했으나 시대의 변천에 따라 경제성이 없다는 이유로 1995년 폐쇄됨

3부

목련

누군가
허공에다
희미한 지등 내걸고 있다

대낮에 뜬 낮달 같기도 하고
죽은 자의 혼령 같기도 한
수굿한 불빛 몇 점이 떠서
봄은 드디어 난만해졌다

단풍을 보면서

가을날엔 꽃이 없어도 황홀해라
노래가 없어도 행복해라
사랑하다 병든 자들은 저처럼 아름답거늘
무엇을 더 바라고 부러워하랴

젊은 날엔 나도 너처럼 푸르렀다
봄과 여름을 건너는 동안
때로는 기쁨으로
때로는 슬픔으로
잠 못 이루던 날이 많았다

몹시도 앓고 난 다음의 환자처럼
퀭한 두 눈으로 바람에 떨다가
가눌 수 없는 무게 이기지 못해
투신하던 너
허공에서 펄럭이면 환상이 되고
포도 위에 내리면 낭만이 되는구나

나는
한 생애가 저무는 노을빛의 아름다움을 말하지 않으련다

가고 돌아오지 못하는 이별의 슬픔도 말하지 않으련다
다만 너의 고운 잎사귀
사랑하다 병든 자들만이 가질 수 있는
것에 대해서만 이야기하련다

사랑하라
또 사랑하라
사랑하다가 죽어버려라
그 말만을 되뇌일 뿐
아무런 말도 하지 않으련다

을왕리의 노을

꽃은 피는 꽃이 아름답고
해는 지는 빛이 곱다더니
을왕리의 노을은 참으로 황홀하였다

그것은 황금덩어리
쟁반 위에 올려놓은 천도복숭아
펄펄 끓는 용광로의 쇳물이었다

누구인가
저 광활한 캠버스 위에
물감을 풀어
거대한 파노라마를 연출하는 이는

하루에 한 번씩
이 찬란한 빛깔의 저녁을 예비하신 이여
어떠한 수사도 설명도 필요치 않아
다만 느낌표만이 현실이 되던 곳

이는 분명히
후회 없는 삶을 살아온 자들만이

누릴 수 있는 최후의 빛깔이거니
어느 재주의 화공이 있어
이 그림 화폭에 담는다 하랴

사람아
사랑하는 사람아
우리 눈물로도 닦을 수 없고
노래로도 풀 수 없는 사연이 있거든
을왕리에 가서 다시 그 노을을 보자

인생은 허전하고
사랑은 온기처럼 식기 쉬운 것
항시 그 노을처럼 뜨겁게
가슴 덥히며 살아갈 일이다

* 을왕리 : 인천광역시 을왕동에 있는 해변, 울창한 송림과 기암과석이 늘어 서 있어 경관이 아름답다. 특히 넓은 모래사장과 낙조가 아름답기로 유명함

무지개

저 하는 끝 가장자리에 걸려 있는 무지개를 보라
사랑이 물드는 능금빛 환영으로 돋아나
그 연연한 줄기로 물을 기르고 있다

새털구름만 어지럽게 날던 오후
내 어린 날 원두막에선
워이워이 새를 쫓던 소리 들려오고
시집 간 누님의 꽃댕기처럼 따내린 뙈기로
허공을 치다 돌아오던 날엔
그 뙈기 끝 회초리에 맞은 핏발선 무지개 하나
동구 밖 수문 등에 꽂혀 있었다

어느 해 여름이던가
용이 오르던 망골 수문께에 멱을 감던
용남이 형제는 수궁으로 가고
그들이 가꾸던 꽃밭 황홀한 무지개로 내려와
온종일 셈도 없이 물장구치며 놀고 있다

하늘나라 용남이네 집 앞 뜨락엔
이름 모를 꽃들이 울긋불긋 피어나고

어미 사슴 새끼 사슴 술래잡기하다 구름밭에 잠들면
천국을 동경하던 티 없는 아이들의 꿈속에도
새큰새큰 별빛으로 내려와
능금빛 환영으로 익어가고 있을까

내 어린 날
허공을 후려치던
뙈기 끝 회초리에 맞은 핏발로 서던 무지개
그 모시올 한 끝을 잘려나간 벼락 같은 소리도
산천을 가르다 돌아오고
비 개인 오후
이승과 저승의 끝없는 연민으로 내려와
물을 긷고 있음을 누가 알까
저 하늘 끝 가장자리에 걸려 있는 무지개

목련이 지던 날

비가 내렸다
세상은 한 폭의 수채화로 변하고
목련은 떨어져 뜨락에 뒹굴었다

이른 봄
모진 추위 견디다가
날씨 풀어져 화창한 날에
흰옷 입고 찾아온 여인이여
그 우아한 자태 너무 고와
항시 마음에 두고 사모했더니
한 마디 말도 없이
떠나 버리다니

네가 떠나던 날
나는 이 세상에 혼자 남겨진 듯한 허전함에
몸 둘 바를 몰라
목로집 탁자에 앉아
독한 술잔 비우며
실연한 사람처럼 울기도 했다

아무도 달래줄 이 없어
더욱 쓸쓸했던 그 며칠
내 마음속의 비는 여전히 그치지 않아
창밖의 풍경들은 비에 젖었고
거리의 가로등은 흐릿하게 졸고 있었다

이별은 만남을 기약한다는데
언제쯤 우린 다시 만날 수 있을까
너는 정녕 내 젊은 날의 연인
네가 떠나던 날
내 청춘의 봄도 그렇게 가고 말았지만
어찌할 것인가
해는 지는 빛이 곱고
사랑은 이별이 있어 더욱 아름답다고 했거늘

나는 너의 이름을 부르며
잊지 말자던 그 약속
꽃말을 새기면서
내 마음속 깊은 곳에 등불 하나 켜고 살련다

비누

비누는 제 몸이 작아져야
깨끗해진다는 것을 알고 있었다
촛불이 몸을 태워 밝아지듯이
작아지고 또 작아져
생명을 다하는 때가
가장 아름다운 순간이라는 것을 알고 있었다
사랑하는 사람 앞에서는
작아지고 또 작아지는 것도 그 때문이다
빨래를 할 때
아내가 비누칠을 하면서
저절로 나오는 쉿쉿 소리를 보태면
하얀 거품에 섞여
고단한 삶의 그늘이 물러나고
제자리를 내 준다
원한도 욕심도 그것이 커지면
안주할 자리가 없어
평온을 잃게 된다
꽃은 아름다워야 하고
이슬은 맑아야 하고
하늘의 별들은 영롱해야 한다

그 이치를 아는 까닭에
비누는 작아지고 또 작아져
얼룩진 삶의 그늘과
욕망의 찌꺼기까지도
소멸의 아픔으로 씻어주고 사라진다

포장마차

포장마차는
집이 없어 포장마차가 아니란다
길을 가다가
갑자기 비를 만났을 때
예정에도 없는 사람을 만났을 때
잠시 머물고 싶은 곳

카바이트불은
불이 없어 카바이트가 아니란다
어두운 마음 아주는 말고
조금만 밝히고 싶을 때
너와 나의 거리 얼마쯤 두고
다정히 마주하고 싶을 때
카바이트 불이란다

고급 안주는 누가 몰라서
소주에 오뎅국물이더냐
아무리 넉넉한 호주머니라도
조금 허전한 마음이 편안하듯이
격이 없이 진실한 대화를 나눌 때는

소주에 오뎅국물이 제격이지

잘 달구어진 프라이팬에
닭꼬지 파전이 쒸이쒸이-소리를 내며 익어갈 때
익어가는 것은 닭꼬지 파전만이 아니란다
설익은 우리들의 관계도 익어가고
그것을 오물거리다 목에 넘길 때
목에 걸려 넘어가지 않았던
울분의 말들도 넘어가는 것이란다

환락의 도시가
기름진 고기와 값비싼 주류로 취해 흔들릴 때에도
포장마차는 취하지 않는다
취하지 않고 오히려 맑은 정신으로 밤을 지키며
어깨 처진 사내들의 슬픈 이야기와
슬픈 노래를 들어준다

한 세기가 지나고
또 한 세기가 지나는 동안
세상은 많이 변했지만

포장마차만은 변하지 않고
고독한 영혼들의 안식처가 되고 싶어
저만치 떨어진 거리에서
추억의 섬이 되어 표류하는 것이란다

놀다 가세요

옛날
내 청춘의 더운 피
동이로 끓어오를 때
늙수그레한 할멈
스카프로 얼굴 깊숙이 가린 채
놀다 가세요!
귓속말로 살금살금 다가오며
떨어지지 않았다

그럴 때면
나는 몸에 달라붙은 불나방을 털어내듯
잽싸게 골목을 지나곤 했는데
더러는 빨간 알전구 켜진 동굴 속으로
빨려드는 사내도 있었고
놀다가기 위해 일부러 찾은 듯
제 발로 들어가는 사내도 있었다
나는 도망치듯이
그곳을 빠져나오긴 했지만
빨간 동굴 속의 세상이 궁금했다

잔잔하던 바다가 해일에 휩싸이듯
낯선 남녀가 말 대신
육체의 언어로 대화를 나누고 나면
방금 있었던 해일은 그치고
바다가 다시 평온해지리라는 것을
상상했을 뿐
모든 동작이 끝나고 나면
고독해서 슬픈 사내는
거기까지 지고 온 삶의 무게를
한방에 날려버리고
짜릿한 희열에 젖어
어디론가 사라지리라는 것을
상상했을 뿐

그렇다
한 생이 하룻밤 낯선 여자와 함께
유숙하는 것과 같은 것이라면
잘 놀다 가야 하지 않을까
그 사내처럼 누더기 인생
한 방에 날려 보내지는 못할망정

봄날의 화전놀이와도 같이
놀다 가야 하지 않을까
물 위에 배 띄우고
산천경개를 구경하듯이
놀다가야 하지 않을까
삶의 끝자락에 선 요즘
갑자기 그 옛날 할멈의 속삭임이
벌레처럼 달라붙어 떨어지지 않는다

경마장에서

삶의 나락으로 빠진 사람들이
정답 없는 정답을 찾기 위해
경마장으로 모여 든다

안녕하셨어요
또 오셨군요
한 마디의 인사라도 있을 법하지만
이곳에서는 보기 힘든 풍경이다
오직 자신의 삶에 충실하겠다는 듯이
곁눈질 한번 하지 않는다

'도' 아니면 '모' 로 가는 사람들
'굵고 짧게' 는 그들의 신조
구겨진 지전 몇 푼과
주머니 속의 먼지까지 털어가며
게이트를 통과한 경주마들보다
더 빨리 달려보지만
그들이 잡고자 하는 행운의 백마는
돌아오지 않는다

발등에 수북하게 쌓인 마권들
예상지와 구겨진 신문지들
함부로 쏟아놓은 언어의 찌꺼기와
충혈된 눈빛들이 잦아들 시간이면
허리 꺾인 백수의 사내들은
경마장을 빠져나온다

어디서 한 대 얻어터진 듯한 뒷모습
발걸음이 무겁다
그래도 그냥 집으로 갈 수는 없지
근처 목로집에 가서
계산할 것 없는 하루를 계산하며
쓴 소주 입에 털어 넣으면
물안개처럼 아련히 취해오는 인생

"경마 삼 년이면 15평이 날아가고
경마 오 년이면 30평이 날아가고
경마 십 년이면 마누라가 날아가고
경마 십오 년이면 생명이 날아간다"

경마장 공중변소 벽에서 보았던
그 어지러운 낙서가 어른거리지만
그래도 한 방의 꿈 버리지 못하고
다음 주를 기대하며
허상의 말고삐 하나 잡고 돌아온다

달방

길을 가다가 보면
골목 어귀에 '달방 있음' 이라고 쓴
푯말을 볼 때가 있다

아늑하고 시설 좋은
모텔이나 호텔도 많은데
왜 하필이면 달방인가

그러나
가던 길 멈추고
그 방에 들고 싶다
무거운 내 인생의 짐
내려놓고 싶다

지친 노동에서 돌아와
세상이 더럽다고
마약 같은 소주를 들이켜고
웃다 울다 지쳐 잠이 들어도
아침이면
손바닥만 한 창문으로 햇살이 들어와

깨워주던 방

벽면에는
얼룩진 삶의 지도가 그려져 있고
외상장부와 계산서와
전화번호가 적혀 있어도
그냥 벽화가 되던 방

내 황홀한 순정을 버렸던 미아리
금성극장 뒷골목
집창촌 그 여자네 방을 닮아
그 여자 생각하며
수음을 해도 행복했던 방

나는
마치 구원처를 찾았을 때처럼
달력 뒷면에 함부로 갈겨쓴
달방 주인을 만나
한 달만이라도
유숙의 뜻을 밝히고

계약을 하고 싶었다

오다가다 만난 사람
그녀와 함께라면
낮과 밤이 바뀌어도 편안했던
달방의 자유와 방종을 거쳐야
삶이 비로소 간조로워진다는 것을
아는 사람은 많지 않으리

내 생애 마지막 남은
눈물의 달방

가을 편지

가을이 깊어져
하늘의 별들이 구슬소리를 내고 있습니다
산과 물이 수묵화로 다가오는
이 계절
순천만 갈대밭
바람에 쓰러져 울던 백발의 꽃대궁도
안녕하신지요

해 질 녘이면 아귀의 입김처럼
바다 쪽에서 몰려 와
대대포구를 삼켜버리던
오리무중의 안개도 잘 있겠지요

천사의 옷자락인 양
조계산 계곡을 쓸어내리던
슬픈 눈빛의 낙조도 보고 싶습니다
어쩌다 진홍빛 와인이라도
한 잔 부딪칠 때면
어찌 그 노을빛이 생각나지 않겠습니까

이사천 흐르는 물로
발등을 적시며
의좋은 형제처럼 우뚝 솟은 산봉우리들
그 산의 허리를 감아 돌던 단풍잎도
화투장 속의 그림처럼 울긋불긋
볼 만하겠지요

청소 골 정혜사 입구에서
흔히 만나던 다람쥐 가족들도
지금쯤 겨울 준비를 하느라 바쁘겠지요
가을이면 그 계곡 물을 차오르던
피라미 가족들도 궁금합니다

그것들도 사람이나 진배 없습니다
하찮은 미물이라 여기지 마시고
돌보아 주고 보듬어 주세요
이 세상은 우리들만의 것이 아닙니다
그들과 함께 살아갈 때
진정으로 아름다운 세상이 될 것입니다

목포집

하루해가 저물녘이면
사랑 한 접시 그리워
목포집을 찾는다

원형의 탁자에 앉아
참이슬 서너 잔 들이켜고 나면
아련하게 취해 오는 인생
분명히 착각은 아닌데도
아둥바둥 살아온 지나간 삶들이
장난처럼 여겨진다

그렇다
어차피 가져갈 것 하나 없는데
부자인들 무슨 유익이며
가난한들 무슨 손해이랴
좋은 친구 만나
한 잔 술로 정을 나누면 되는 것을

행복은 멀리 있지 않고
사랑 또한 가까이 있다는 것을

아는 사람들은
비록 지친 삶에 발걸음이 무거워도
저물녘이면
목포집을 찾는다

시각장애인 김남주 씨

시각장애인 김남주 씨는
지팡이 하나에 의지해 살면서도
외출할 때면
가야 할 곳과 서야 할 곳을 정확히 가늠한다

나이 마흔에
장애인 복지관에서 짝지워 준 사람
그의 아내는 한쪽 다리를 못 쓰지만
사랑으로 똘똘 뭉쳐
두 마음이 하나가 되었다고 한다

빛을 반납하고
마음의 등불 밝혀 하나가 된 부부
세상의 길은 춥고 어둡지만
그래도 사는 일이 즐거운지
항시 웃음꽃을 잃지 않는다

전생에 무슨 죄가 있어서
장애를 안고 태어났을까 하다가도
어지러운 세상 보지 말고

깨끗한 마음으로
살아가라고 한 것이 아닌가 싶을 때는
행복하기도 하다

올해
다섯 살 난 현석은 사랑의 선물
녀석이 또랑또랑한 어조로
엄마 아빠를 부를 때면
오오냐, 내 새끼 현석이냐!
안아주고 업어주고 감싸주지만
부자가 상봉할 날이 언제일지 모르니
그게 제일 슬프단다

아내의 브래지어

빨랫줄에 내걸린
아내의 브래지어
구름무늬 장식에
물렁했던 감촉의 봉곳한 봉오리가
마르고 있다

젊은 날
나와 더불어 사랑을 시작할 때
그 누구도 침범할 수 없었던
신성불가침의 영역

아들 둘
딸 하나를 낳아
줄줄이 떠나보낸 후
이제는 할 일을 다 했다는 듯이
체면도 가식도 버린 채
하이타이 세제에 씻겨
60년 세월이 마르고 있다

하늘 아래

구름처럼 걸린 모성의 덥개
그 또한 몇 생명의 우주였음을 아는지
햇빛도 조심조심 지나가고
바람도 살랑 불다 발걸음을 멈춘다

줄 것을 다 주고
더 줄 것이 없는 가를 걱정하다가 낡아버린
저 보푸라기 같은 어머니
어머니의 마음

아무리 햇빛과 바람이 시샘을 한다 해도
수분을 제거할 수 있을망정
지난했던 삶의 흔적과
보채는 아이들을 감싸곤 했던
모성까지를 지우지는 못할 것이다

시인의 서재

하향길에
송수권 시인의 서재에 들린 적이 있다
시인의 서재는
어느 농사꾼이 쓰다버린 폐가여서
덕지덕지 기운 세월의 흔적이 묻어 있었다

마루 밑에 세든 고양이 몇 마리
남의 눈치보는 일 없이 살아가고 있었고
마당귀엔 주인 잃은 절구통과
맷돌짝과 물항아리 입을 벌린 채
묵언정진 중이었다

어디선가 굴절되어 건너와
한낮의 적요를 깨우던 뻐꾸기 소리
그 울음소리가 어찌나 깊은지
시인의 말처럼
지리산 봉우리를 다 울리고 나서
오래 남은 추스름 끝에
소리 없는 강 하나가 열릴 것 같았다

밤이 되자 시인의 집에는
편지함에 우편물이 배달되듯이
어둠이 배달되어
시인의 서재를 먹물 속에 가라앉히고
처마 끝에
푸르스름한 달덩이 하나 지등처럼 내걸려
문리 터진 사람이라면 누구라도
한 곡조 읊을 만했다

시인은 세금도 내지 않고 무상으로
몇만 평의 하늘과
몇만 평의 평야와
골짜기의 물과 나무와 새들을
자기 것인 양 서재에 들여놓고
고독해지는 법을 배우기도 하고
심심하면 이불처럼 덮고 자기도 했다

시를 쓰겠다고
변산으로 제주도로 절간으로 여관방으로
주유천하 하면서 살아온 반백 년

정처 없는 인생을
더 정처 없게 만드는 그의 기행을
늙은 소설가 한 사람이 찾아와 노래한
어초장주 송영감 타령이 증거하고 있었다

4부

의암에서

가다 보면 진주 남강 우뚝이 솟은 바위
표표히 떠 있어 잠기는 듯 말이 없다
나그네 한 가닥 회포야 어디에도 둘 곳 없어
낚싯줄에 꿰어 던져 부표처럼 쉬어가면
저무는 강 물새들도 거기 놀다 가더이다

아릿답던 그 자태 치마폭 펄럭이며
섬섬옥수 금가락지 원수를 품에 안고
꽃답게 죽어 가신 그 거룩한 순정이여
그날 가신 넋인 양 이끼 낀 암반 위에
산자락 끌고 내리던 낙조도 핏빛으로 타더이다

오로지 임 따르는 마음 부표에 걸어 두고
물방울 뚝뚝 보석처럼 진주처럼
그 붉은 마음 건져 올려 가슴 깊이 새기실 제
햇덩이 붉은 햇덩이 충정으로 타는 속을
바람이 먼저 알고 가슴 풀어 뵈더이다

첫 눈

누구인가
이 겨울
곱게 단장을 하고
찾아오시는 이가 있다

나는 그를 위해
대문도 창문도
열어놓지 않았건만
먼 길 마다 않고 오시어
내 품에 안긴다

천국으로 떠난 자들의 소식을 안고
풍요와 빈곤의 벽을 허물며
원망과 울분의 말들을 지우며
십 리 지나 천 리 밖 만 리 밖에서
치마폭 펄럭이며 오시는 이여

나뭇가지에 내리면 꽃이 되고
산 위에 내리면 그림이 되고
가슴에 내리면 시가 되나니

오오, 빛나는 축복이여

이 세상에 누가 있어
이처럼 아름다운
한 아름의 꽃다발을
내게 안기랴

그대는 정녕
때 묻지 않은 첫 사랑의 모습이거늘
나는 그대 앞에서
존재의 희열감에 눈물을 흘릴 뿐
할 말을 잃는다

12월에게

오랜만이다
어디서 무엇을 하다가
해 저문 날
이렇게 찾아 왔느냐

서늘한 눈매에
가죽신발에
깊게 파묻은 외투 깃 차림이
방황하는 나그네를 닮았구나

바람 부는 날
거리의 전화 부스 안에서
수화기만 들어도 눈물이 나던 기억
그래도 너의 마음은
자선냄비처럼 따뜻했지

사람들은 너를 맞아
일 년 중 가장 경건한 기도를 하고
지난날들을 돌아보며
반성의 시간을 갖기도 한다

하늘을 향해 솟아 있는
저 많은 종탑과 십자가를 보아라
지진과 테러와 기근이 난무해도
이 땅은 아직도 살 만한 곳

삶이 전쟁과 같은 것이라 할지라도
너는 제야의 종을 울려
축복의 메시지를 전하고
밤사이 내린 눈으로
어지러운 흔적들을 지워버린다

생의 종말처럼 다가오는 이 시간
마지막 가는 너의 이마에
입맞춤이라도 하고 싶다
잘 가라, 12월이여
밝아 올 새해를 위하여
하늘이 고향인 천국의 달이여

빙어

갓 잡은 빙어를
고추장에 발라
통째로 삼키는 일은 비정하다
두꺼운 의상으로 몸을 가린 채
한 번도 실체를 드러낸 적이 사람들이
빙어를 씹는 일은
범죄처럼 느껴진다

혼탁한 곳에서는 살 수 없어
세상의 얼룩과 타협을 거부한 채
자신의 내장과 갈비뼈까지 보여주는
저 순수한 생명의 신비
물을 떠나면
곧바로 절명하고 마는
가차 없는 생명의 한계는
선비의 지조를 닮았다

깨끗함의 마지막까지 가기 위해
깨끗한 물과 동행하다가
그 물이 끝나는 곳에서

결빙으로 현신한 고기여
세상은 아직 혼탁한데
왜 혼자만 맑으려 하는가

해마다 때가 되면
빙어축제에 모여든 사람들
봄은 아직 멀었는데
두꺼운 얼음장 깨고 앉아
낚아 올리는 것은 세월인가
구원인가

세상은 깨끗해져야 한다고
눈이 오는데
투명한 채로 살다가
눈꽃으로 제 몸을 살찌워
거친 식욕의 이빨에 바치는
빙어가 있어
내린천의 겨울은 더 춥고 슬프다

별을 보며

죽어
다시 생명을 얻어
사는 사람들이 있다

이승을 떠날 때
못 잊을 사람끼리
같이 가서
이웃하여 사는 사람들이 있다

보아라
밤이면 무수히 반짝이는
저 해맑은 눈빛의 별들을

그들은
사랑이 병이 되어 죽어갔지만
아름다운 이름 하나씩 얻어
다시 살고 있지 않느냐

북풍이 차가우면
흐린 눈을 뜨고

달무리 이울면 졸음에 겨운 듯
깜박이는 눈으로
내려다보고 있지 않느냐

이승에 있을 적
가진 것 하나 없었으나
사랑으로 행복했던 사람들
죄 없는 자들의 눈빛은
저렇게 아름답고 영롱하다

오늘도 나는 별을 보며
아득히 먼 곳으로
떠난 사람들의
이름을 불러 보았다

공동묘지에서

이 세상에 있을 적
부귀한 몸으로
혹은 빈천한 몸으로 살다가
한나절의 생을 마치고
무거웠던 육신 누이니
안식이 따로 없구나

어떤 이는 이름과
가족사항을 적고
어떤 이는 살아생전의 업적을 기려
차디찬 돌비석을 세우기도 했다만
이도 부질없는 일
식어버린 가슴을 덥힐 수 없듯이
막차를 타고 떠나버린 시간을
잡을 수가 없구나

살아서 이루지 못한 꿈
저승 문 두드려
최초이자 최후로
평등의 자유를 누리는 이들이여

지금은 무슨 생각을 하고 있는지
침묵 속에 말이 없으니
이보다 더 큰 가르침은 없어라

아무도 오지 않은 계곡
산마루에 마실 나온 구름이
엉켰다가 흩어진다
유난히 일찍이 찾아온 봄이
그 따스한 손으로
얼음 박힌 잔등을 쓰다듬기도 한다

큰 소리가 사라지고 난 다음에
적막이 찾아오듯이
기다리지 않아도 안식은
옹달샘의 찬물처럼 고이나니
가을이 깊어지면 구슬소리를 내는
별들만이 당신들의 차지로다
겨울날
조촐 디 조촐한 흰 옷 입고 찾아오는
흰 눈만이 당신들의 차지로다

소래포구 갈매기

사는 일은 짐승이나 사람이나
매 일반이어서
소래포구 갈매기들은
어부들보다 더 빨리 일어난다

바다보다 사람과 친해 살면서
세상의 물결에 익숙해져 버린 갈매기는
어부들이 만선에서 돌아올 때까지
주린 배를 참을 줄도 안다

세상살이 아픔에 대신 울어주는 일은
보통 되었지만
세속의 물이 들어간다는 사실은
인정하기 싫었다

어느 해던가
근해의 어부들이 주검이 되어 돌아왔을 때
그 슬픔을 조상하려는 듯
조석으로 울던 새도 갈매기였다

하루에도 몇 차례씩 드나들던
수인선의 기억은 많이 멀어졌다
텁텁한 막걸리 몇 잔에도 몸을 주어버리던
목로집 헤픈 여자 이야기도 끝났다

본래 이곳에서 살던 갈매기들은
멀리 영종도나 백령도까지도 생각해 보지만
그래도 정붙여 살던 이 포구를
쉽게 떠날 수가 없다

겨울 파도
비명을 지르며 방벽을 때리던 날
나그네는 추억에 울고
소래포구 갈매기는
향수의 새가 되어 울었다

초충도를 보며

오백여 년 전
님의 숨결은 들리지 않지만
그날의 빗소리 바람소리
화선지에서 일제히 일어나고
개구리 베짱이 울음소리도 난만하다

맨드라미, 봉선화, 원추리꽃의 화심은
소리도 없이 타올라
지극한 모성의 열기를 더하니
이 보다 아름다운 꽃은 없어라

화폭 곳곳에 배치되어 있는
살아 있는 것들의 움직임
맨드라미 꽃밭 속
두 마리의 쇠똥구리는
경단 만드는 작업을 쉬지 않고
들쥐들의 수박 서리가 한창이다

지체 높은 트레머리에
단정한 입술

까만 눈매에 서리는 정기는
어지신 어머니의 모습 그대로다

님이 즐기시던 화선지며 침선
자수의 바늘 끝에서는
시간과 공간을 초월한 꽃들이 피어나고
벌 나비 날아들어
봄날의 정취로 가득하다

오죽헌 대나무도
경포대 솔잎도 보이지 않지만
풀잎에 바람일 듯이 움직이던 화필이여
샘물처럼 고인 조선의 하늘이
묵흔으로 번진다

윤회

벽면에 걸려 있는
가야금 한 채
정물 속의 그림처럼 조용하다

무엇을 생각하고 있을까
나무였을 적의 제 고향을
바람과 눈, 비를 맨몸으로 견디었던
젊은 날을 회상하고 있을까
땔감으로 아궁이에 들어가지 않고
다시 악기로 태어난 인연을
감사하고 있을까

그렇지
대나무가 대금이 되면
소리를 내듯이
나무도 제 몸을 바쳐 가야금이 되면
소리를 낸다는 것을 알고 있겠지
오동꽃 피는 오월의 난만한 자태와
찬바람 불어 소슬하던 가을 소리를
낼 수 있다는 것을

그래서 가야금은
오동나무였을 적을 생각하고
대금은 찬 서리 눈보라로 가슴 시리던
세한의 때를 생각하는 것이겠지

타조가 달릴 때

긴 부리에 두 날개는
흡사 새의 그것을 닮았지만
어쩌다가 비상을 포기해 버린 채
사람이나 태워주는 새가 되었을까
사람을 등에 지고
사육장을 두세 바퀴 돌고 나면
저도 힘이 부치는지
가쁜 숨 몰아쉬며
두 눈을 씰룩거렸다
긴 목과 힘줄 불거진 튼실한 다리는
이미 날기를 포기해 버린
절망의 모습이지만
때로는 하늘을 응시하며
목울대 길게 뽑아 울 때면
그만한 슬픔도 없어 보였다
두 날개만 아니라면
천상 낙타의 외모를 닮아 있는
저 무지한 짐승에게
누가 새 조 자를 붙여주었을까
조롱 속의 새가

한 줌의 허공을 훔칠 수 없듯이
조상의 뼈를 거부하지 못하는
그의 운명
그러나 누가 알겠는가
항시 사막을 달리는 기분으로
무거운 짐 등에 지고 달리다 보면
그 소원이 하늘에 닿아
훨훨 날 수 있을는지
타조 농장에서 돌아오던 날
혼곤한 꿈의 계단을 오르내리다가
나도 무거운 짐 등에 지고
날지 못하는
한 마리 새임을 알게 되었다

이화중선

이 땅에는 일찍이 사람이 있어
오 척 단구의 이화중선을 보내어
소리를 하게 했던가 보더라

머리에 태산을 이고
반달을 이마에 이고
합죽선 손 안에 쥐어주고는
너 신명대로 한번 놀아보아라
했던가 보더라

청아청아 내 딸 청아
어디 갔다 인제 왔느냐
심봉사 부녀의 손을 잡고
추월만정을 거닐기도 하고

이리 오너라 앞 태를 보자
저리 가거라 뒷 태를 보자
이 도령과 성춘향을
한바탕 놀리켜 주기도 했던가 보더라

박색 이화중선의 목을 빌어
이 산 저 산 다 헤집고
고개 넘을 때
흐린 달 구름에 숨고
듣는 이 오장이 오글오글했던가 보더라

이 땅에 태어난 것이
천상 형벌이던 가시내 이화중선

* 이화중선 : 일제강점기에 활동했던 불세출의 여류명창. 특히 심청가 중 〈추월만정〉과 춘향가 중 〈사랑가〉를 잘 불렀다 함

집어등

오징어 철이 한창인 동해 바다엔
밤마다 집어등으로 불야성을 이룬다
오징어 집어등, 볼락 집어등, 갈치 집어등으로
어둠을 밝히고 나면
골목마다 내걸린 홍등가의 취객처럼
어군들이 몰려와 사육제의 밤을 맞는다

어느 해던가
축복처럼 눈이 내리던 날
나의 스무 살도 빨려들고 말았다
아직 산풀 냄새 가시지 않은 그녀는
젖가슴 풀어 한 잔의 순정을 따르며
얼얼한 추억의 밤을 선사해 주었다

달콤한 유혹 앞에서 빨려드는 것은
어찌 내 스무 살뿐이겠는가
바다 속 생물들도
허망한 그림자를 쫓아 허망한 춤을 추다가
삶의 벼랑 끝으로 내몰리고 마는 것을.

밤이 지나면 세상의 바다는 다시 조용해지고
죽음의 잔치에 초대된 비릿한 것들은
미명의 어시장으로 실려 온다
울릉도 오징어, 삼척의 정어리, 주문진의 삼치들…
그들이 거기까지 오게 된 경위를 알 바 없는
상인들은 목소리 높여 흥정의 돈다발을 디민다

선어들은 세상을 향해 할 말이 많다는 듯이
두 눈을 부릅뜨고 있지만
누구 한 사람 거들떠보지도 않는다
한 번의 실수로 생의 나락으로 빠져버린
주검들을 사면 그만일 뿐이다

가을에

가을은
나처럼 외로운가 부다

아침엔
물안개 자욱이 시를 쓰다가

밤이면 높은 하늘에
반짝이는 눈물의 보석을
수놓는다

어디선가
제 무게를 이기지 못한 실과가
뚝하고 떨어지는 소리

새털구름은
바삐바삐 서녘으로 흘러가고
오동나무 끝 바람은
가슴을 찢는 소리를 내고 있다

이런 날엔

나도 가만히 있지 못해
집을 나선다

불 꺼진 창가
희미한
옛 사랑의 그림자가 그리워
집시가 된다

인적 끊긴 포도 위
가로등
저 홀로 졸고 있는 밤

작별도 끝나버린
쓸쓸한 계절아

가을은
나처럼 외로운가 부다

낙안성에 내리는 비

낙안성 김용수 시인의 집에서
하룻밤 묵다
비를 만났다
흐릿한 창호문 뚫고 들어와
내 마음을 그윽하게 적시던 소리
백 년 전에도 천 년 전에도
내렸으련만
그날 내 마음을 적시던 비는
금둔산 자락에 타던 노을과
부용산 오릿길의 슬픈 전설과
배꽃 지던 날에 흘렸을 눈물의 비였거니
솔가지 태워 방구들 덥히던 인정과
관아에 끌려온 죄인들의 하소연과
우물물 긷던 아낙들의 애환을 담은 비였거니
어느 때 어느 고을에서
빗소리 듣는다 한들
이만큼 유정할까
그 소리 놓칠세라
밖으로 나와 보니
나보다 먼저 잠에서 깬 듯

연못의 연잎들이
빗물 받아 제 얼굴을 닦느라
구슬소리를 내고 있었다

백령도에 가서

갈매기도 아니고 오리도 아닌
검은 등 노란 부리의 가마우지가
바다 건너 북녘 땅을 바라보고 있더라

효심으로 소용돌이 친
인당수에서 불어온 바람이
치마폭 펄럭이며 아버지를 부르고 있더라

콩돌 해안의 돌들은
험한 세상 풍파에도 이력이 났는지
닳고 닳아서 더 닳을 것이 없는
불심으로 굳어져 있더라

모래가 단단해서
활주로로 사용했다는 사곶 백사장은
벌거숭이인 채로 쓰러져 죽고 싶더라

바위끝에 한 가족이 되어 앉아 있는 물범들
난생 처음 보는 짐승이라 감격했는데
바람 불어 어지러운 날에는

두고 온 고향 그리워
황해도까지 헤엄쳐 갔다 온다 하더라

고희를 바라보는 우리 세 사람
많이 늙었다 싶다가도
남은 세월이 얼마인데 자위하며
술잔 앞에 두고 보낸
이틀 밤의 낭만도 아름답더라

역사의 뒤안길로
사라져버렸을 지도 모르는 백령도
나는 네가 있어
항시 자식을 멀리 보낸 부모의 마음처럼
찡한 마음 견디지 못했노라

* 시인 정기문, 사진작가 유수원과 등과 함께 백령도에 갔다가 지척에 보이는 북한땅 장산곶을 바라보며 실향민들은 백령도 현지인들이 아니라 우리들 자신임을 실감하고 돌아왔다

모과나무

언제부턴가 나는 우리 집 정원에 서 있는 모과나무와 친해져 버렸다. 내가 모과나무와 친해질 수 있었던 것은 다른 연유에서가 아니다. 나무로서의 자태 때문이다. 나무로서의 성품 때문이다. 나무에게 인격을 부여한다는 것은 이상한 일이지만 모과나무는 언제나 변함이 없이 믿음직스러워서 좋다.

우리는 흔히 처세할 줄 모르고 묵묵히 자기 일만하는 사람을 보면 곧잘 모과에 비유한다. 모과처럼 빡빡해서 도무지 변통할 줄 모른다는 것이다. 그러나 모과면 어떠랴. 모과나무와 같은 사람이면 어떠랴. 인간은 때로 모과처럼 모과나무처럼 살아볼 필요가 있는 것을.

대저 나무의 종류는 얼마쯤 될까? 감나무, 밤나무, 사과나무, 살구나무, 대추나무… 이루 헤아릴 수 없이 많다. 이 세상에 사람의 수효가 많듯이 나무의 종류도 그처럼 다양한 듯하다. 그러나 모과나무는 여느 나무와는 달리 가지마다 숱한 옹이를 이루고 있어서 보는 이로 하여금 생장의 아픔을 느끼게 한다. 그리고 땅에 달라붙어서 제자리만을 고수하려고 한다. 하늘보다는 제 뿌리를 내리고 있는 땅 쪽에 더 많은 애착을 가지고 있는 것 같다. 고향 사람들의 따뜻한 심성을 느끼게 되는 것도 그 때문이리라.

지난해에는 얼추 한 접이나 되는 모과를 딸 수 있었다. 모과 중에는 때깔이 곱고 깨끗한 것이 있는가 하면 울퉁불퉁해서 과일로서의 품위를 잃고 있는 것도 많았다. 그러나 그것들은 매운바람과 찬비를 견디어 낸 인고의 결실이 아닌가. 어느 것 하나 귀하지 않고 사랑스럽지 않은 것이 없었다. 나무가 주는 선물이기에 더했는지도 모른다.

아내는 시장에 내다 판다고 했지만 나는 반대했다. 이웃들에게 나누어 주는 것이 좋을 것 같아서였다. 이웃에 나누어 주고 남은 모과를 잘게 쪼개서 말린 다음 적당한 양의 소주를 부어놓았더니 훌륭한 모과주가 되었다. 그래서 나는 가까운 친구들을 불러 모과주 한 잔씩을 권하는 호사를 누릴 수가 있었다.

누가 어물전 망신은 꼴뚜기가 시키고 과일전 망신은 모과가 시킨다고 했던가. 모르는 소리다. 모르는 사람들의 힐난이다. 모과를 보고 있으면 상강 지난 고향의 가을이 생각나고 등이 굽도록 한 세상을 물레만 잣다가 돌아가신 할머니의 인종이 생각난다.

이 땅의 여인들 치고 그 누군들 일생을 순탄하게만 살아왔을까마는 우리 할머니는 유독 그 경우가 달랐다. 백발이 성성하도록 물레잣기에만 열중하셨던 만년의 할머니는 자신의 운명을 저주하고 있었던가. 석 섬지기 무논에서 건져 올린 볏가리도 빼앗기고 유일한 당신의 혈육인 아버지마저 징용에 끌려가선 소식이 없자 밤마다 한숨을 쉬는 일이 많아졌다.

"저놈의, 저놈의 시상이 웬수로다…!"

잠시 물레잣기를 중단하신 할머니는 진저리를 치는 것이었고 그럴 때마다 나는 까닭모를 슬픔에 휩싸이곤 했다.

"할머니, 이제 고만 자요."

"오냐 오오냐. 이 불쌍한 것. 쯧쯧쯔…"

그렇게 뜬 눈으로 밤을 지새우고 난 다음 날이면 왜 그랬을까? 장독에도 마당에도 할머니의 한처럼 성긴 서릿발이 하얗게 깔려 있었고 잎 진 나뭇가지엔 모과만이 덩그렇게 익어 있었다.

아버지가 집을 비워버리자 우리 집의 가세는 말이 아니었다. 할머니 어머니께서 그처럼 기를 쓰고 길쌈을 했던 것도 그 때문이었으리라. 그때 할머니의 물레에 감기던 기다림의 세월을 그 누가 알 것인가. 가슴에 못을 박고 죽은 할머니의 그 지난한 일생을…

그렇다. 모과는 고향의 과일이다. 헌신의 과일이다. 기다림에 지친 인종의 과일이다. 이웃들에게까지 푸짐한 모과를 선사한 모과나무는 늦가을이 되자 하나둘 나뭇잎을 떨구기 시작했다. 그 나무가 위치한 곳이 정원 한 중간이고 보니 뒹구는 낙엽 때문에 여간 귀찮은 게 아니었다. 쓸어도 떨어지고 쓸어도 떨어지곤 해서 뜨락은 잠시도 어질러져 있지 않을 때가 없었다.

그것을 본 큰 녀석이 말했다.

"어머니, 저 나뭇잎을 몽땅 떨어버려요."

그러자 아내가 빙그레 웃었다.

"정말 그럴까."

찬성도 반대도 아닌 웃음이었다. 그러나 낙엽은 자연의 섭리에 의하여 떨어지는 법, 그것을 일부러 일시에 떨어지게 할 수야 없지 않은가.

"그게 무슨 소리야. 귀찮더라도 그건 안 될 말이야."

"그럼 당신이 청소하세요. 난 지쳤어요."

"알았어요. 내가 할 테니 염려 말아요."

다음 날부터 나는 정원이며 뜨락에 뒹구는 낙엽을 쓰는 일로 바빠졌다. 결국 그 말의 책임을 떠안게 된 것이다. 하루의 일과는 어김없이 빗자루를 드는 일로부터 시작되었지만 조금도 귀찮지 않았다. 오히려 기쁨으로 해낼 수가 있었으니 나는 그 일에 흠뻑 빠져 있었음에 틀림이 없다.

그때 내가 잡은 빗자루 끝에 쓸리는 것은 무엇이었을까? 그것은 지나간 날의 회억과 잊을 수 없는 한의 편린들이 아니었을까. 한 아름 낙엽을 보듬어 안을 때마다 가슴은 벅찬 감회로 빼근해 왔다.

〈모과 잎이 다 떨어져버리면 어쩌나…〉

낙엽을 쓰는 한 정원을 치우고 뜨락을 쓰는 청소작업은 결코 귀찮지 않을 것 같았다. 그래서 나는 갑자기 그런 생각을 하게 된 것인지도 모른다.

모과 잎이 하나둘 지기 시작하자 헐벗은 나뭇가지 사이로 유리알 같은 하늘이 자꾸만 멀어져 갔다. 간간이 겨울 새들이 날아와 우짖고 갈 뿐이었다. 나는 빈 나뭇가지 사이로 보이는 하늘이 좋았다. 가릴 것 없이 괴벗은 나무는 그대로 한 폭의 그림이었다.

때때로 나는 그 나무 아래 서기를 좋아한다. 이제는 모과도 없고 잎사귀도 없지만 옹이진 껍질을 통해서 지나간 날의 상처를 읽을 수 있기 때문이다. 비록 가꾸지 않고 돌보지 않아도 가을이 되면 어김없이 풍성한 실과로 보답하는 나무. 누가 아랴. 그 열매들을 매달기 위해 밤마다 산고의 아픔을 견뎠을 줄을. 이는 절대로 내 허튼 상상력의 비약이 아니다. 모과나무는 충분히 그럴만한 내력이 있어 보인다.

"당신은 모과 같은 사람이어요."

만일 아내가 이런 말로 비꼬아온다 해도 나는 결코 화내지 않을 것이다. 오히려 허허헛! 웃어줄 것이다. 앞뒤가 막혀서 시원하게 뚫린 데라곤 없지만 모과처럼 살아가면 될 것이기에. 모과나무처럼 꺾이지 않고 순박하게 살아가면 될 것이기에.

낙화에 부쳐

봄이 되어 한 차례 몸살 나게 꽃이 피더니 바람에 이슬에 슬슬 지기 시작한다. 개나리, 진달래, 목련, 동백꽃 등이 마치 앞을 다투기나 하듯이. 수직으로 떨어지는 꽃이 있는가 하면 눈송인 양 분분히 나부끼며 지는 꽃도 있다. 실로 간과할 수 없을 만큼 고혹적인 몸짓이다.

나는 그 중에서도 동백꽃이 지는 것을 보면 그냥 낙화가 아니라 뚝뚝 뜨거운 선지피가 떨어지는 듯한 아픔이 느껴진다. 그 붉은 빛깔도 빛깔이지만 그보다도 그 매운 정조 때문이 아닐까 싶다. 동백꽃은 예사로 피는 것이 아니라 찬서리 눈보라

속에서도 꽃을 피우니 무던히도 아픈 상처를 지녔음이 분명하다. 그 선명한 진홍빛 꽃잎을 보면 주검을 입맞춤한 여인의 비장미가 느껴지는 것이다.

만일 낙엽을 나무가 보내는 회고의 언어라고 한다면 낙화는 꽃이 보내는 참회의 언어라고 할 수 있을 것 같다. 이듬 해 봄이 되면 새싹이 돋아나기는 낙엽이나 낙화나 다르지 않지만 어쩐지 바람에 분분히 지는 낙화는 젊은이의 순교와도 같이 느껴진다.

누군들 가는 봄을 서운해 하지 않으랴마는 나는 유독 꽃이 지기 시작하면 사는 일이 부질없고 적막해져서 견딜 수가 없다. 져도 그냥 지는 것이 아니라 떨어지는 꽃잎에 내 마음이 실려서 내리는 것이다. 썰물 때가 되면 만조도 물러나고 달도 차면 기울 듯이 한차례 아름다운 자태를 뽐내다가 시들고 이울어가는 것이련만 왜 그런지 나는 가는 봄이 서운하고 야속해서 견딜 수가 없다.

그러나 정작 사랑이 아름다울 수 있는 것은 붙잡는다고 해서 머무르는 것이 아니라 분연히 떨쳐버리고 떠나는 데에 있지 않을까. 언제까지나 낙화가 없는 꽃이나 이별이 없는 사랑을 상상해 본다는 것도 좀은 따분한 일일 것 같다. 그래서 신은 일정한 기간만 사랑을 향유케 함으로써 그것의 진가를 알게 한 것인지도 모른다.

우리는 흔히 꽃의 아름다움을 개화에서 보는 것이 아니라 낙화에서 보고 사랑의 아름다움도 만남에서 보는 것이 아니라 떠남에서 보게 된다. 옛부터 시인들은 상봉의 기쁨보다는 이별의 슬픔을 더 많이 노래해 온 것이 사실이다. 고려시대의 가사인 「가시리」를 비롯하여 김소월의 「진달래」에 이르기까지 실로 많은 시편들이 그러했다.

그런데 간과할 수 없는 것은 그때마다 꽃을 등장시킴으로써 이별의 아픔을 한층 애석함으로 고조시켜 놓고 있다는 점이다. 떠나는 임의 품에 꽃다발을 안겨준다거나 그 발길에 뿌려준다거나 하는 식이다. 그리고 죽음에 있어서도 그와 같은 분위기를 차용하고 있다. 꽃이 바람에 나부끼는 것에 비유해 "그대는 꽃답게 죽어갔느니" "한 송이 꽃처럼 지고 말았으니"로 표현하고 있다.

나는 그 중에서도 백제의 고도 부여에 있는 낙화암의 비화를 떠올리게 된다. 낙화암은 나당연합군이 쳐들어오자 삼천궁녀가 백마강에 몸을 던져버렸다는 슬픈 사연을 안고 있다. 그 진위를 가릴 것도 없이 전설 같은 이야기지만 인간의 최후를 이처럼 아름답게 서술해 놓고 있는 예는 드물 것 같다. 상상해 보라! 꽃잎처럼 나부끼며 떨어졌을 삼천궁녀의 치마폭을.

따지고 보면 인간은 누구나 보내거나 떠나야 할 이별의 주체인 것이다. 만일 내가 떠난다면 보내는 사람이 이별의 주체가 되고 보내는 사람이 떠난다면 내가 이별의 주체가 된다. 따라서 보내는 사람과 떠나는 사람의 입장은 항시 바뀔 수 있는 것이다. 그 때문인지 우리 조상들은 비교적 이별에 관대했던 것 같다. 이 또한 떠나는 임을 원망하지 않으려는 애이불비의 정신에서 비롯된 것이리라.

시간은 잠시도 멈추지 않고 흐르고 또 흐른다. 그 흐름 앞에서 영원불변한 것은 아무것도 없다. 생명이 있는 것은 물론 생명이 없는 것들까지도 변모와 변화를 거듭한다. 어느 날 찬바람에 뒹구는 낙엽을 보았을 때, 자신도 모르게 훌쩍 늙어버린 자화상을 보았을 때, 한숨을 짓게 되는 것도 그 때문이리라.

이 봄, 청춘의 언어인 양 분분히 지는 진홍빛 낙화를 보면서 무사할 수 있는 사람은 아무도 없을 것 같다. 홀로 된 사람은 가버린 그 임보다도 자신을 더 처량하게 느끼게 될 것이며 회의와 번민에 빠져 있는 사람은 삶보다 죽음을 더 동경하게 될는지도 모른다.

나는 이제 주검을 입맞춤한 비장한 낙화에 대하여 말하지 않기로 한다. 나는 이제 봄날에 떠난 님에 대해서도 말하지 않기로 한다. 다만 때가 되면 피고 지는 자연의 섭리가 왜 슬픔이 되고 비탄이 되는 지만 말해보려 한다. 그리고 떠나는 이의 뒷모습이 왜 그처럼 야속하게 느껴지는 지에 대해서만 말해 보려한다. 그것은 그 무엇도 아닌 참회의 눈물인 양 떨어지는 저 분분한 낙화 때문이 아닐는지…

안개에 대하여

가을이 깊어지면서 안개가 자주 낀다. 안개가 끼면 그렇다. 세상은 갑자기 우울하고 몽롱해진다. 마치 마약이나 술에 취한 사람처럼 분별력이 떨어지는 것이다.

그 때문인지 매스컴에서는 몇 번째 안개에 대한 경고가 있었다. 안개로 인하여 시정거리가 짧아졌으니 차량운전자는 각별한 주의가 필요하다는 것, 그리고 성숙기에 있는 농작물에도 피해가 예상되니 각별한 주의가 요망된다는 것 등이다.

그러나 이러한 것들은 표면적으로 노출되는 현상일 뿐이다. 내면적으로 일어나는 현상은 더 심각할 것 같다. 잘 알려진 대로 섬나라 영국은 안개로 유명하다. 안개로 인하여 쾌청한 날이 드물다고 한다. 그 이유는 산업사회로 접어들면서 공장에서 발생한 아황가스 때문이라는데 한번 안개가 끼면 지척을 분간할 수 없을 정도라고 한다.

그러한 환경 속에서 살았던 영국 사람들의 심상은 어떠했을까? 마약과 알코올, 중증의 우울증환자들이 속출했다는 사회적 분위기를 상상하기란 어려운 일이 아니다.

그런가 하면 독일의 안개도 특이한 것이 아닌가 싶다. 독일하면 뮌헨이 생각나고 뮌헨하면 슈바빙 거리가 생각난다. 슈바빙은 독일의 북부에 위치한 문화의 중심지로서 릴케, 토마스만, 간딘스키 등 세계적인 예술가들이 예술혼을 불태웠던 거리로 유명하다. 이 거리에는 희미한 가스등과 밤거리를 장악하는 안개가 명물로 등장한다.

이 안개는 런던의 그것과는 차원을 달리한다. 만일 런던의 그것이 대기오염으로 인한 연막현상이라고 한다면 이곳은 젊은이들의 낭만과 예술혼이 뒤엉킨 안개라고 할 수 있다.

나는 아직 슈바빙 거리를 걸어본 적이 없지만 영화나 TV에서 보았던 풍경은 독일의 고풍스런 고전미가 그대로 느껴졌다. 그곳에서 흔히 보았던 거리의 악사들까지도 그들만의 특이하고도 고유한 예술세계가 있어 보였다.

이렇듯 현실적인 것과 이상적인 것으로 대별되는 안개의 형태는 주술적인 것으로도 나타난다.

“안개는 마치 이승에 한이 있어서 밤마다 찾아오는 여귀가 뿜어놓은 입김과도 같았다. 해가 떠오르고 바람이 바다 쪽에서 불어오기 전에는 그것을 헤쳐 버릴 수가 없었다. 손으로 잡을 수 없으면서도 그것은 또렷이 존재했고 사람들을 둘러쌌고 먼 곳에 있는 것으로부터 사람들을 떼어 놓았다.”

1960년대를 풍미했던 단편문학의 백미 「무진기행」에서 작가는 이렇게 서술하고 있다. 이것은 물론 이상적인 것이 아니라 현실적인 안개인 것이다. 이 작품의 주인공은 어느 날 서울을 탈출해 고향인 무진으로 가서 세 사람을 만난다. 주인공이 만난 세 사람이란 후배 한 사람과 중학교 동창 한 사람과 그곳 중학교 여교사인 하인숙이다. 그런데 그들은 두터운 세속의 때가 묻어 있어 지성과는 거리가 멀었다. 배웠다는 사람들의 행동이 잡스러웠는가 하면 하인숙이 술자리에서 부른 ‘목포의 눈물’은 여느 작부의 그것에 진배 없었다. 이렇듯 무진의 안개는 그들을 구제불능의 속물로 만들어 놓고 있었다는 것이 그 줄거리이다.

나는 안개에 얽힌 잊을 수 없는 추억 하나를 가지고 있다. 1980년까지만 해도 종로 뒷골목은 술꾼들의 천국이었다. 주머니가 가벼워도 취할 수 있는 포장마차들이 즐비했기 때문이다. 그날도 나는 여느 때처럼 현미와 술잔을 기울이고 있었다. 낙엽도 지고 그리하여 괴벗은 가로수들이 찬바람에 떨고 있는 가을의 끝자락이었다.

그날 밤 현미는 갑자기 나에게 결별을 선언했다. 그 이유는 3년 동안이나 기다려왔는데도 이렇다 할만한 대안을 내놓지 않고 미적미적 미루고만 있는 내게 염증을 느꼈다는 것이다. 현미가 말하는 대안이란 다름 아닌 ‘결혼문제’였던 것이다.

하지만 나는 현미를 한 번도 나의 상대로 생각해 본 적이 없었다. 더구나 나는 군복무 후 복학을 하느냐 취업을 하느냐에 골몰해 있었기 때문에 결혼 따위는 안중에도 없었던 것이다.

"이만 가보겠어요. 아 안녕!"

"현 현미이…!"

나는 곧바로 그녀의 뒤를 밟았지만 그녀는 이미 어디론가 사라져 버리고 없었다. 그날도 거대한 연막을 형성한 안개의 군단이 서울의 하늘을 장악하고 있었다. 마치 계엄군처럼 진주해온 안개는 그해 가을의 끝자락을 더 쓸쓸하게 더 적막하게 만들었다.

며칠이 지나서였다. 나는 현미와의 후유증 때문에 그때까지도 휘청거리다가 다시 그 포장마차를 찾았다. 혹시 현미의 그림자라도 찾을 수 있지 않을까 해서였다. 하지만 현미는 없었다. 물론 그림자도 없었다. 실내를 밝히던 허약한 불빛이며 술꾼들의 어지러운 대화만 난무할 뿐이었다. 그런데 한 가지 달라진 게 있었다. 그것은 실로 경이로운 것이었다.

손을 흔들지 마라
안개가 끼면 손을 흔들지 않아도 이별이다
슬퍼하지 마라
안개가 끼면 슬퍼하지 않아도 눈물이다
한숨짓지 마라
안개가 끼면 한숨짓지 않아도 허무이다

누군가 포장마차의 벽면에 이러한 낙서를 해 놓았던 것이다. 시 같기도 하고 잠언 같기도 한 그 글을 보는 순간 나는 심하게 엄습해 오는 조갈증을 느꼈다. 거푸 세 병의 소주를 들이켠 것도 그 때문이었으리라. 누군가 나를 겨냥해서 직격탄을 쏘아놓은 것 같았다.

벌써 아득한 옛날의 이야기가 되고 말았다. 하지만 지금이라고 해서 크게 달라진 것이 없다. 안개가 끼면 여전히 떠나버린 현미가 떠오르고 그 포장마차의 음산한 분위기가 떠오르고 흑백영화의 화면 같은 회색빛 거리가 떠오른다. 그리하여 허리 꺾인 백발의 노인처럼 쿨럭이며 몽환에 시달리게 된다. 어쩌면 나는 안개의 피해자였는지도 모른다.

문학의전당 · 시인선 122
낙타가 사막을 건널 때

초판인쇄 2011년 11월 14일
초판발행 2011년 11월 21일

지 은 이 송준용
펴 낸 이 김충규
펴 낸 곳 **문학의전당**
출판등록 제387-2003-00048호(2003년 9월 8일)

주　　소 420-752 경기 부천시 원미구 상동 392 한아름마을 1511-1603
편 집 실 121-718 서울시 마포구 공덕2동 404 풍림VIP빌딩 413호

전화번호 02-852-1977
팩시밀리 02-852-1978
전자우편 mhjd2003@naver.com
블 로 그 http://blog.naver.com/mhjd2003

I S B N 978-89-97176-07-6 03810